10 SCHRITTE, DIE DEIN LEBEN VERÄNDERN

10 SCHRITTE, DIE DEIN LEBEN VERÄNDERN

EDEL

01

Zielsetzung

- Warum wurdest du geboren?
- Hast du einen Traum?
- Worin besteht dein Traum?
- Warum musst du ... sein?
- Warum bist du glücklich?
- Warum hast du Sorgen?
- Was gefällt dir nicht?

???

- Warum gefällt es dir nicht?
- Was gefällt dir und warum?
- Warum haben manche Menschen immer Erfolg?
- Warum geht bei anderen alles schief?
- Was ist unsere Aufgabe und wie setzen wir sie um?

02

Einstellung

- Bist du sicher, richtig zu denken und zu handeln?
- Hast du eine positive oder negative Art zu denken?
- Was, wenn du deine Denkweise nicht erkennst?
- Wie findet man eine positive Art zu denken?

Falsches Denken + Richtiges Handeln	Falsches Denken + Falsches Handeln
Richtiges Denken + Falsches Handeln	Richtiges Denken + Richtiges Handeln

- Welchen Einfluss haben falsches Denken und Handeln auf uns?
- Welchen Einfluss haben richtiges Denken und Handeln auf uns?

03

Wissen

- Viele Menschen wissen nicht, wie das Handeln ihr Leben beeinflusst.
- Sie wollen Wissen ansammeln, weil sie glauben, dadurch zum Genie zu werden.

GUT LEBEN

- Wir wissen alles – nur nicht das, was wir wirklich wissen müssen.
- Alles ist uns bekannt, nur nicht die wichtigsten Dinge des Lebens.

04 *Lebenszeit*

- Zeit ist wichtig.
- Warum meinen die Menschen immer, keine Zeit zu haben?
- Haben alle Menschen gleich viel Zeit?
- Wann soll man beginnen, mehr zu arbeiten?
- Wann soll man Träume verwirklichen: mit 20 / mit 30 / mit 40 / mit 50 / mit 60 / mit 70 oder mit 80 Jahren?

- Wie viel Zeit bleibt noch?
- Nutzt du deine Zeit klug genug – oder nicht?
- Was hast du mit dem Rest deines Lebens vor?

05 *Lebenskraft*

- Hast du Angst, zu tun, wovon du träumst?
- Bist du erfolgreich oder nicht?
- Besitzen Menschen wirklich eine innere Kraft?
- Hast du so viel Kampfgeist wie andere?

- Warum sind Menschen so schwach?
- Du willst kämpfen, traust es dir aber nicht zu. Wer kann dir helfen?
- Lohnt sich das, was du tust?

06 *Lebensregeln*

- Was ist nötig, um erfolgreich zu sein?
- Wie wird man Sieger?
- Wie denken Verlierer?
- Wie kommt man erfolgreich ans Ziel?

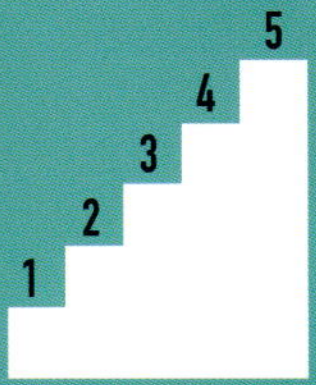

- Gibt es Regeln auf dem Weg zum Erfolg?
- Warum scheitern manche Menschen so oft? Kennen sie die Regeln des Lebens nicht?

07

Gutes tun

- Das Herz bestimmt, ob man Gutes tut.
- Das Herz bestimmt, ob man Schlechtes tut.
- Wer Gutes tut, wird Gutes ernten.
- Warum wollen Menschen, die nichts Gutes tun, anderen schaden?

- Wer Gutes tut, trägt zu einer harmonischen Gesellschaft bei. Bei einem guten Sieg muss der Verlierer nicht leiden.

08

Du bist, was du tust

- Wann willst du es tun?
- Wird es dir gelingen?
- Du tust es nicht gern, aber du musst.
- Wirst du es schaffen?
- Fürchtest du dich davor zu handeln, weil du früher gescheitert bist?
- Und danach – was tun, und wie?

- Wirst du dann reich werden?
- Erwarte nicht zu viel: So ersparst du dir Enttäuschungen.
- Warte! Die Wirtschaftslage ist gerade ungünstig.

09

Pack's an

- Warum gibt es so viele Probleme?
- Warum hast du so viel Pech?
- Du bist schon mal gescheitert.

- Warum haben andere so viel Glück?
- Was haben sie getan, um so reich zu werden?
- Warum hast du immer Schwierigkeiten?

- Warum scheitern manche Menschen im Leben?

10 REGELN FÜR SIEGER – REGELN FÜR VERLIERER

Glaube an dich selbst

Gewinner-Regeln

Verlierer-Regeln

Glauben,

was

bringt

das

???

3 REGELN FÜR SIEGER

?

?

?

3 REGELN FÜR VERLIERER

Tu alles...
was du nicht
tun sollst.
Dann gelingt
es dir, zu
verlieren.

Du kannst tun,
was immer du willst.

Du kannst sein,
wer immer du willst.

Jeder kann
seine Zukunft
selbst gestalten.

Inhalt

Inhalt

01

Zielsetzung

Wer wie ein ruderloses Schiff lebt, dümpelt ziellos umher. Die Windrichtung spielt keine Rolle. Wir treiben, ohne die Richtung beeinflussen zu können. Woher sollen wir wissen, ob wir überleben werden?

Das ist wie eine Reise ohne Ziel. Ohne Landkarte bleibt sie sinnlos, da man weder Richtung noch Ziel vor Augen hat.

Was tun, wenn man das Gefühl hat, sich im tiefsten Dschungel verlaufen zu haben? Es gibt keinen Ausweg!

Wir wissen nicht einmal, dass wir uns verlaufen haben, oder wir bemerken es erst sehr spät. Manche Menschen sterben, bevor sie feststellen können, dass sie sich verirrt hatten.

Wie soll man sich in einem Leben wohlfühlen, in dem man nicht weiß, wohin die Reise geht?

»**Menschen, die ihr Leben falsch anpacken**,
stehen vor vielen Problemen.
Menschen, die ihr Leben richtig anpacken,
haben Erfolg und Glück.«

Um die richtigen Überlegungen anzustellen, ist ein klares Ziel nötig.

Vor dem Handeln steht das Denken. Es sind die richtigen Gedanken, die zum richtigen Handeln führen. Und das wiederum ist der Weg zu einem erfolgreichen Leben.

»Glück« resultiert aus richtigen Gedanken und richtigem Handeln.

Wir brauchen ein Ziel im Leben.
Ob es ein kleines oder großes ist,
spielt keine Rolle, solange es nur ein Ziel ist.

Je klarer wir uns dieses Ziel
vorstellen können,

desto näher kommen wir der

Verwirklichung unserer Träume.

*»Es ist nicht unsere Schuld,
dass wir manches nicht wissen.
Aber wir sind dafür verantwortlich,
wie wir leben.
Wir wissen nicht,
wie wir unser Schicksal beeinflussen können.«*

*Jemand ist auf einer Straße ohne
Beleuchtung unterwegs.
Es herrscht nur Dunkelheit,
also schließt er die Augen.*

*Wenn du die Richtung deines Lebens nicht kennst,
weißt du nicht, wohin du gehen sollst
und lebst falsch –
das ganze Leben lang.*

Jeder Mensch hat andere Ziele.

Manche wollen Reichtum.
Manche hätten gern ein Diplom.
Manche möchten ein Haus.
Manche brauchen ein neues Auto.
Manche sehnen sich nach einem Partner.
Manche wären gern gute Golfer.
Manche brauchen mehr Geld
und
manche wünschen sich wahres Glück.

**Jemand,
der sich mehr Geld wünscht,**

**wird sein Leben mit
Geschäften verbringen.**

Bescheidene Träume

Wenn deine Träume leicht zu erfüllen sind, kannst du dich glücklich schätzen.

Glücklich – zu Hause zu sein

Glücklich – ein Buch zu lesen

Glücklich – ein Buch zu schreiben

Glücklich – mit den Kindern zu spielen

Glücklich – die Familie um sich zu haben

Glücklich – fernzusehen

Glücklich – ein einfaches Leben zu führen

Wer gern ein anderer Mensch wäre,
wird es schwer haben.

Wer sich Erfolg
im Beruf wünscht,
muss sich auf den Weg machen,
auf den Weg zu seinem Traum.

Denn Erfolg im Beruf
fällt nicht denen zu, die nichts tun.

Es gilt also,
den eigenen Lebenstraum zu finden
und zu verwirklichen.

Ein »Ziel«

wird immer zuerst festgelegt.
Erst dann macht man sich auf den Weg dorthin.

Wer seinen Weg ohne Ziel beginnt,
wird sich verirren.

Wenn dein Ziel
Glück ist
handle »rückwärts«.

Denn für das Glück
muss man nichts tun.

Glück ist bereits
in dein Leben getreten.

Glück wird nicht eintreten
wenn man versucht, es zu finden.

Gehst du auf die Suche nach dem
Glück,
wird es dir entfliehen.

Glück *ist wie eine* Mücke.

Versuchst du, eine Mücke zu fangen,
fliegt sie weg.

Sitzt du aber still da,
wird dich die Mücke
ganz gewiss stechen.

Um das Glück zu finden,
muss man oft nur
die Lebenseinstellung verändern.

Ein Lebensziel

ist

die Art, das Leben und
dessen Veränderung selbst
in die Hand zu nehmen.
Wie möchtest du sein,
damit aus deinem Leben
das Beste wird,
das du dir vorstellen kannst?

Gier

ist

der Wunsch nach Reichtum,

mit der Absicht,

ihn ein ganzes Leben lang

für sich selbst zu behalten.

01

Zielsetzung

- Viele Menschen verstehen die einfachen Regeln des Lebens nicht.
- Die wichtigste Regel lautet, ein lebenswertes Leben zu führen und dazu stets den Verstand einzusetzen.
- Der wichtigste Schritt zu einem guten Leben besteht darin, immer die eigenen Ziele anzusteuern.
- Jeder Mensch hat seine eigenen Gedanken. Positive und negative Gedanken führen zu unterschiedlichen Ergebnissen.

Jeder Mensch lebt sein Leben,
aber so mancher weiß nicht:
Was soll ich tun?
Wohin soll ich gehen?
Wann soll ich beginnen?
Womit fange ich an?

Wer sein Leben damit verbringt,
ein Ziel zu verfolgen,
ganz gleich,
ob es »Glück« oder »Erfolg« heißt,
wird es leichter im Leben haben.

Es ist wie der Aufbruch
zu einer langen Reise,
aber mit einer klaren Richtung
und einem klaren Ziel.
So kann man sich nicht verirren.

02

Einstellung

Wenn du glaubst, es sei schwierig, Geld zu verdienen, bedeutet das, dass du nicht ernsthaft darüber nachdenkst, wie du es verdienst.

Würde man einen Koch bitten, ein Auto zu reparieren,
würde er sagen: »Das ist mir zu schwierig.«

Würde man einen Mechaniker bitten, ein Fünf-Gänge-Menü zu kochen,
würde er sagen: »Das ist mir zu schwierig.«

Stell dir vor, du bist auf dem falschen Weg und findest
keinen Ausweg – eine Gedankenfalle.
Das ist so, als würde dich jemand zu etwas überreden,
und du bist später nicht mehr in der Lage,
deine Meinung zu ändern.
Du bist gefangen.

02

Geld kann nichts verändern. Richtiges Denken kann alles verändern.

02

Wichtige Dinge,

die du deinen Kindern mitgeben solltest.

Erstens: Erziehung
Zweitens: richtiges Denken

Du kannst für eine gute Zukunft deiner Kinder sorgen,
indem du ihnen etwas Gutes mit auf den Weg gibst.

Gib ihnen erstens
eine gute Erziehung.

Denn Erziehung beinhaltet Wissen,
Bewusstsein, Intelligenz und gesunden
Menschenverstand. So werden sie wissen,
was sie tun sollen,
was sie nicht tun sollen,
und was anderen Menschen Probleme bereitet.

Du kannst die Zukunft deiner Kinder verändern,
indem du ihnen etwas Gutes vermittelst.

Vermittle ihnen zweitens die Grundlage richtigen Denkens.

Denn während sie aufwachsen,
werden sie viele Lebenserfahrungen machen
und immer wieder
eigenständig entscheiden müssen,
»was richtig und was falsch ist«.

02

MIT EINER GUTEN LEBENSEINSTELLUNG KANN ES JEDEM GELINGEN, WAHRES GLÜCK ZU FINDEN.

Wenn du nicht selbst für dein Leben verantwortlich bist, wer sollte es sonst sein?

Falsches Denken

Aufgeben
Schuldzuweisungen an Personen oder Umstände
Negative Gedanken
Faulheit
Mutlosigkeit
Schulden
Leichtgläubigkeit
Verwirrung
Vergessen
Besserwisserei
Schwäche
Leichtsinn
Ausreden
Hoffnungslosigkeit
Versagen

Richtiges Denken

Richtungswechsel
Selbstkritik
Strategiewechsel
Positives Denken
Fleiß
Kampfgeist
Leistung
Vernunft
Prioritäten setzen
Verständnis
Sachverstand
Kraftquellen finden
Mut
Wachstum
Ermutigung
Erfolg

So leicht, wie man sich auf einen falschen Platz setzt, kann man sich in falschem Denken verlieren. Aber es ist möglich, das Denken zu ändern, wie den Platz zu wechseln.

Erfolgreiche Menschen beginnen ein Projekt immer mit den richtigen Überlegungen. Es ist nicht verkehrt, falsche Überlegungen anzustellen. Dadurch wird es nur viel schwieriger, Ziele zu erreichen.

Menschen mit der falschen Einstellung geben leicht auf, wenn sie vor Problemen stehen. Menschen mit der richtigen Einstellung andererseits korrigieren in diesem Fall einfach ihren Kurs. Sie geben nicht auf, bis sie ihre Ziele erreicht haben.

Menschen mit der falschen Einstellung geben meist den Umständen die Schuld an ihrem Mangel an Erfolg.

Richtig denken
und
richtig handeln

Auf 2 Dinge kommt es an:

richtiges Denken

+

richtiges Handeln

Wer gute Ergebnisse erzielen will,
muss sich anstrengen.

Wer besser sein will als die Konkurrenz,
muss sich mehr anstrengen als diese.

Wer anderen Gutes tut,
bekommt Positives zurück.

Durch eine andere Einstellung
sehen die Dinge
anders aus,
selbst wenn es dieselben sind.

Wenn du etwas
in deinem Leben
verändern möchtest,
ändere zuerst
das Wichtigste:
dein Denken.

02

Einstellung

+

- Das Wichtigste im Leben ist die Denkweise und der Einsatz von Verstand.
- Viele Menschen haben die falsche Einstellung und leben darum ihr Leben nicht richtig. Das Leben verwirrt sie bis zu ihrem Tod.

Falsches Denken + Richtiges Handeln	Falsches Denken + Falsches Handeln
Richtiges Denken + Falsches Handeln	Richtiges Denken + Richtiges Handeln

Vom gleichen Startpunkt aus
wählt jeder seine eigene

RICHTUNG.

Manche entscheiden sich, nach links zu gehen.
Manche entscheiden sich, nach rechts zu gehen.
Manche wählen den Mittelweg.
Manche entscheiden sich, vorwärts zu gehen.
Manche entscheiden sich, rückwärts zu gehen.

Sie alle folgen ihrer eigenen Denk- und Sichtweise.

Niemand kann beurteilen, ob ein anderer Mensch etwas richtig oder falsch macht.
Und wir selbst wissen immer erst im Nachhinein, ob wir den richtigen Weg gewählt haben...

03 Wissen

Viele Menschen sprechen über ihre Probleme. Die meisten erkennen aber nicht, dass das eigentliche Problem ihre Lebensführung ist. Sie denken jeden Tag dasselbe und erwarten, auf diese Weise ihre Ziele zu erreichen.

Leider erreichen sie sie nie. Diese Menschen verstehen nicht, dass sie sich **schon bei den ersten Schritten im Leben verirrt haben.**

Sie sitzen in der **»Lebensfalle«** fest. Und da ihnen das gar nicht bewusst ist, können sie sich auch nicht befreien. Sie tun und denken in denselben Bahnen und wissen nicht, dass **genau da der Fehler liegt.**

Wenn sie **wüssten**, dass sie ihr Leben falsch anpacken, **würden sie es wahrscheinlich sofort verändern.**

Leider kann ihnen aber niemand zeigen, welcher Weg für sie der richtige ist.

Niemand kann dir sagen, wie weit du von einem erfolgreichen Leben entfernt bist – nicht einmal ein erfolgreicher Mensch. Diese Frage ist nicht erforscht.

Die meisten erfolgreichen Menschen haben keine Zeit, ihr Erfolgsgeheimnis zu erforschen und anderen zu vermitteln. Sie brauchen jede Minute ihres Lebens, um ihr Geschäft zu führen und immer mehr Geld zu verdienen.

Jahrelang habe ich versucht herauszufinden, warum manche Menschen Erfolg haben. Ich meine, dabei einen Weg gefunden zu haben, wie man der selbst geschaffenen Lebensfalle entkommt. Die meisten Menschen finden nicht mehr aus ihrem Labyrinth heraus. Sie halten es für unmöglich. Nur wenigen gelingt es, einen Ausweg zu finden.

Aber wenn sie einmal draußen sind, können sie sich leider an den Weg heraus nicht mehr erinnern.

Erfolgreiche Menschen können niemandem erklären, wie man der Lebensfalle entkommt, weil sie den Weg hinaus vergessen haben. Und selbst wenn sie sich erinnern würden, hätten sie doch nur gelernt, ihre eigenen Probleme zu lösen.

Vielleicht geht es gar nicht um „die Frage des Erfolgs“, sondern um die Art, wie sie „unerwartete Probleme“ meistern.

Betrachtet man die Welt aus einem **falschen Blickwinkel**, wird man **alles missverstehen**, das Leben verkehrt anpacken und **der selbst geschaffenen Lebensfalle nie entkommen können.**

Darum sind Menschen mit der falschen Einstellung selten erfolgreich. Ihr Denken ist einfach falsch. Das ist mit zwei **Parallelen** vergleichbar, die niemals zusammentreffen.

Je mehr man eine Fähigkeit übt, desto besser stehen die Chancen, Konkurrenten zu überrunden. Wenn du zum Beispiel Tennis spielst, ist die Aussicht auf einen Sieg größer, je mehr du trainierst. Jeder Sport erfordert Training – ohne Training kein Erfolg. Selbst der große Golfer Tiger Woods investiert jeden Tag mehrere Stunden, um sein Können zu perfektionieren.

Auch Musiker müssen regelmäßig üben. Durch jahrelange Übung werden sie immer besser.

Erfolglose Menschen achten nicht auf die wichtigen Dinge, die sie über ihr Geschäft wissen müssen. Stattdessen füllen sie ihren Kopf mit sinnlosen Informationen.

Mit Dingen, die man nicht wissen muss, die unnötig und belanglos sind und keinen Vorteil im Leben bringen.

Wer gut Fußball spielen will,
muss immer wieder fleißig trainieren.
Je mehr man trainiert,
desto näher rückt das Ziel.

Wer gut Tennis spielen will,
muss sein Können perfektionieren
und jeden Tag trainieren,
um es zur Meisterschaft zu bringen.

Das ist eine einfache Lebensregel,
die unbedingt zu bedenken ist.

Wer gut im Beruf sein will,
muss trainieren.

Du musst wissen,
was wirklich zählt.

Manche Menschen scheinen
zufrieden zu leben
und alles zu wissen –
aber nicht viel über sich selbst.

Menschen, die es im Leben schwer haben,
wissen oft alles – aber nichts über sich *selbst.*

Sie wissen:
Wer heiratet?
Wer hat ein Date mit wem?
Wer hatte einen Streit?
Wer trennt sich?

Sie wissen alles – über andere Leute.
Als würden sie mit ihnen
in einem Haus leben
und in einem Bett schlafen.

Aber fragt man sie nach sich selbst,
bleiben sie die Antwort schuldig.
»Was möchtest du in Zukunft tun?«
»Welchen Traum willst du dir in den
nächsten zehn Jahren erfüllen?«
»Hattest du schon einmal ein Ziel im Leben?«
»Wie erfolgreich bist du in deinem Beruf?«
»Wo liegen deine beruflichen Schwächen?«
»Was ist das Beste an deinem Beruf?«

Eins solltest du nicht vergessen:

Du musst nicht alles wissen. Du musst nur wissen, was wirklich zählt.

03

Wissen

- Wissen findet sich in vielen Quellen.
- Lerne, was wichtig ist, und ignoriere das Überflüssige.

GUT LEBEN

- Finde heraus, was im Leben wichtig ist.

Es gibt viele Methoden, die man ausprobieren kann.

Und viele, das Leben sinnlos zu verschwenden.

Nenne …

1) *5 Bücher, die du gelesen hast* *(kürzlich)*
2) *5 Fernsehsendungen, die du gesehen hast* *(kürzlich)*
3) *5 Radiosender, die du gehört hast* *(kürzlich)*
4) *5 Filme, die du gesehen hast* *(kürzlich)*
5) *5 Menschen, mit denen du am häufigsten redest* *(kürzlich)*
6) *5 Dinge, mit denen du dich auf Facebook beschäftigst* *(kürzlich)*
7) *5 Websites, die du regelmäßig besuchst* *(kürzlich)*

Schreibe die Antworten auf und überdenke sie.

Bleibe dabei sachlich und ehrlich.

Nun erkennst du, ob die Dinge, mit denen du dich aktuell beschäftigst, nutzlos sind oder dich dem Erfolg ein Stück näher gebracht haben.

Bringen dich diese Dinge deinem Ziel näher, werden sie dein Leben verbessern.

04

Lebenszeit

Menschen, die den Wert der Zeit kennen, tun alles mit Entschlossenheit und geben ihr Bestes.

Menschen, die den Wert der Zeit nicht kennen, leben in den Tag hinein und verschwenden wertvolle Zeit.

Wenn du ein besseres Leben führen willst, solltest du hinterfragen, ob die Dinge, die du tust, die investierte Zeit wert sind.

Empfehlung: Wenn etwas die Zeit, die man dafür investiert, nicht wert ist, sollte man es unverzüglich lassen.

80
60
20
40

Das Leben in 4 Abschnitten

Abschnitt 1
0 – 20 Jahre

Wir müssen lernen und Erfahrungen sammeln.
Wer leicht lernt, hat gute Prüfungsergebnisse.
Schulischer Erfolg ist aber nur in der ersten
der vier Lebensphasen von Bedeutung.
Ein guter Start ist immer von Vorteil,
aber er garantiert nicht den weiteren Erfolg.

Abschnitt 2
20 – 40 Jahre

In der zweiten Lebensphase verbringen wir
die Hälfte unserer Zeit mit Arbeit.
Wer sein Ziel kennt, strengt sich an,
um es zu erreichen.
Manche Menschen wechseln mehrmals den Beruf,
bevor sie eine Aufgabe finden,
die ihnen wirklich gefällt.

60 – 80 Jahre
40 – 60 Jahre
20 – 40 Jahre
0 – 20 Jahre
Auf die Gesundheit achten und in Würde altern
60 – 80 Jahre
Verantwortung für Familie und Beruf
40 – 60 Jahre
Persönlichkeitsentwicklung, harte Arbeit und weiteres Lernen
20 – 40 Jahre
Spielen und Lernen
0 – 20 Jahre

Abschnitt 3
40 – 60 Jahre

Inzwischen können wir auf unsere
Lebenserfahrung zurückblicken.
Wir haben jahrzehntelang gearbeitet und
genug Wissen erworben, um als »reif« zu gelten.
Wissen und Können befähigen uns
zur Führungspersönlichkeit – zu Hause und im Beruf.

Abschnitt 4
60 – 80 Jahre

Die letzte Lebensphase ist der Ruhestand.
Keine Verpflichtungen, keine Sorgen,
weniger Verantwortung.
Wir müssen nicht mehr arbeiten
und uns nur noch um unsere Gesundheit kümmern,
um fit, stark und entschlossen zu bleiben.
Positives Denken sollte gepflegt werden,
um jüngere Menschen zu lehren, selbst positiv zu denken
und wertvolle Mitglieder der Gesellschaft zu sein.

Im Berufsleben haben wir die Wahl.

30 Jahre | **40** Jahre | **50** Jahre | **60** Jahre

Schwerpunkt Arbeit

Schwerpunkt Arbeit

Schwerpunkt Arbeit

Schwerpunkt Arbeit

Wer sein Leben lang arbeitet, ist über 40 Jahre hinweg, im Alter von 20 bis 60, berufstätig. (Die Zeit bis 20 und ab 60 Jahre nicht eingerechnet.)

Gliedert man das Arbeitsleben zwischen 20 und 60 Jahre in vier gleiche Phasen, wird klar, wie viel Zeit bleibt, um Erfolg im Beruf zu erreichen.

Wenn wir in der ersten Phase des Berufslebens (20–30 Jahre) besonders aufmerksam sind, können wir anderen gegenüber einen Vorsprung gewinnen.

In der zweiten Phase (30–40 Jahre) ist ebenfalls Aufmerksamkeit geboten, weil wir in der ersten Phase oft noch experimentiert haben und Spaß hatten. Zwischen 30 und 40 können wir im Beruf Spaß haben.

In der dritten Phase (40–50) sollten wir aufmerksam sein, weil wir in den ersten Phasen Irrwege beschritten haben oder nicht wussten, welchen Weg wir wählen sollen. In dieser Phase des Berufslebens müssen wir vor allem darauf das Augenmerk richten.

In der vierten Phase (50–60) ist Aufmerksamkeit wichtig, weil wir in den ersten drei Phasen manchmal nicht die richtige Richtung gefunden haben. Darauf sollten wir in dieser Phase des Berufslebens stärker achten.

Wie viel Zeit
bleibt noch???

Um etwas Positives zu tun –
oder etwas Nützliches?

Verlierer, Narr oder Sieger

Ein Verlierer gibt immer den anderen die Schuld.

Ein Narr gibt immer sich selbst die Schuld.

Ein Sieger gibt sich selbst keine Schuld.

Dem Sieger geht es nicht um Schuld. Ihm geht es um die Ursache eines Problems und darum, was er tun kann, um das Problem zu lösen.

Hast du es eilig, zu arbeiten?

Wenn du es eilig hast,
tu etwas,

bevor du zu *alt* bist.

Es liegt an dir selbst, Entscheidungen zu treffen –
wenn du zielstrebig bist.
Das gilt mit 20
ebenso wie mit 60.

Manchmal musst du dich anstrengen –
aber nur, wenn du dich selbst dafür entscheidest.

Wenn du den Rest des Lebens
mit etwas verbringst, das du gern tust,
dann ist das nicht anstrengend.
Stimmt's

???

Eine Batterie hat zwei Pole. Beide haben Energie, negative und positive Ladung. Der Energie ist es gleichgültig, ob sie die Zeiger einer Uhr oder ein Spielzeug bewegt. Nur die Größe der Batterie spielt eine Rolle.

Alles hängt von der Entscheidung ab, Dinge zur richtigen Zeit und am richtigen Ort zu tun. Der Verlierer hat immer eine Ausrede parat, um die Misserfolge seines Lebens zu erklären. Verlierer warten nicht. Sie haben es eilig, denn sie wollen alles sofort. Sie wollen ein besseres Leben, es sich aber nicht verdienen. Sie sind ungeduldig, während Sieger eine Menge Geduld besitzen. Sieger können auf das warten, was ihnen zusteht, oder sie erkämpfen es sich. Sie haben von Anfang an gelernt zu arbeiten, und weil sie positiv denken, sehen sie günstige Gelegenheiten.

Ein Verlierer tut nicht gern, was andere schon getan haben. Der Sieger dagegen verbessert ständig seine Arbeitsweise, um erfolgreich zu sein. Der Verlierer gibt schnell auf. Ein Sieger sucht immer den besten Weg zum Sieg.

Verlierer sagen: »Alles ist unmöglich. Ich habe keine Chance. Warum soll ich mich anstrengen, das Unabänderliche zu ändern?«

Sieger hingegen sagen: »Alles ist möglich. Man muss nur den richtigen Weg finden, um die Hindernisse zu überwinden und letztlich ans Ziel zu gelangen.«

Das Erfolgsseminar

04

Liebe,
was du
tust.

+

Tu,
was du
liebst.

Entwirf deine Zukunft, solange du Zeit dafür hast.

Wenn das Leben nicht gut läuft, wird man leicht zum Spielball der anderen. Sie werfen dich in die Luft oder gegen die Wand, und du prallst ab. Und wenn sie dich nicht mehr brauchen, werfen sie dich weg.

Würdest du dich auf der Reise zu einem fremden Ziel verfahren, müsstest du irgendwie dein Ziel finden, auch, wenn du den genauen Weg nicht kennst. Je weiter du fährst, desto weniger kennst du dich aus. Und wenn du erkennst, wo du bist, dann bist du vielleicht schon zu weit gefahren, um noch umzukehren.

Manche Leute verlassen morgens die Wohnung und wissen nicht, wohin sie gehen. Sie kennen die Richtung ihres Lebens nicht.

Wenn du ein klares Ziel vor Augen hast, spielt die Länge der Reise keine Rolle, denn du weißt ja, wo du ankommen willst, richtig?

»Was wärest du gern in 5 Jahren?« «

Wenn du Unternehmer sein willst,
lerne, ein erfolgreicher Unternehmer zu werden.

Wenn du Fotograf sein willst,
arbeite daran, ein guter Fotograf zu werden.

Wenn du Lehrer sein willst,
bemühe dich darum, ein guter Lehrer zu werden.

Wenn du Polizist sein willst,
solltest du das Herz eines guten Polizisten haben.

Wenn du Arzt sein willst,
studiere, um ein guter Arzt zu werden.

Um deine Zukunft entwerfen zu können,
stelle dir vor, was du sein möchtest.

Wenn du dir deine Zukunft nicht vorstellen kannst,
drehst du dich im Kreis
und
kennst dein Ziel nicht.

Das Leben wird einfacher,

wenn du dir dein Ziel vorstellst.
Dann kannst du aufbrechen
und jeden Weg einschlagen, den du willst.
Es spielt keine Rolle, ob du gehst oder rennst,
eines Tages wirst du ankommen.

Viele Menschen

wissen nicht,
wohin ihr Lebensweg
sie führen wird.

Sie haben sich verirrt

und

verstehen nicht, wohin sie steuern.

Bald sind sie alt
und stehen im Niemandsland.

Wenn du weißt,

wohin du willst,
kannst du das Auto, die Bahn,
ein Flugzeug oder jedes andere Gefährt nehmen,
um dein Ziel zu erreichen.
Schnell oder langsam – du hast die Wahl.

Wie bei der Reise

quer durch ein Land
hast du die Wahl zwischen verschiedenen Strecken
und Verkehrsmitteln, um dein Ziel zu erreichen.

Aber Menschen mit der
falschen Einstellung und Handlungsweise
werden nie irgendwo ankommen.

Dadurch wird ihr Leben kompliziert,
denn sie können ihr Ziel nicht erreichen,
weil sie nicht wissen,
welche Richtung sie einschlagen sollen,
um dorthin zu gelangen.

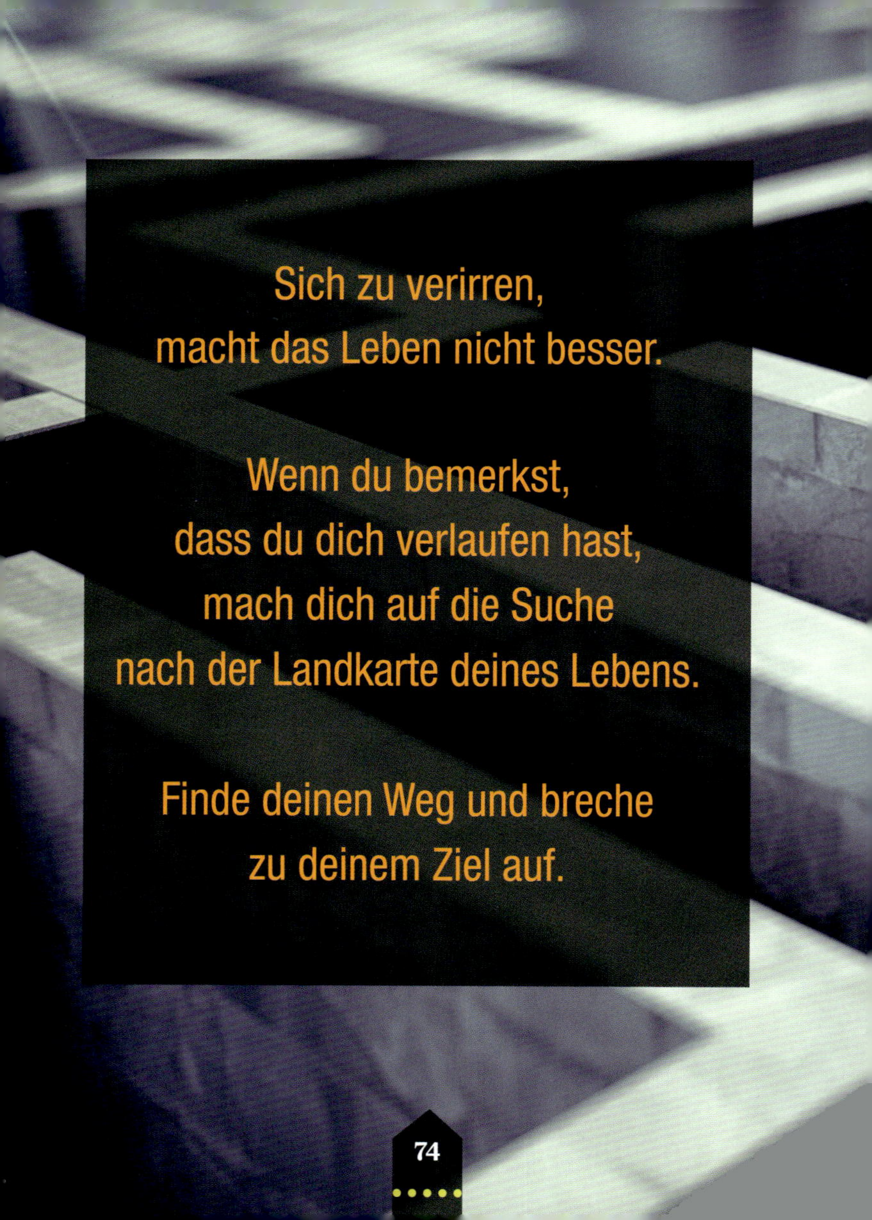

Sich zu verirren,
macht das Leben nicht besser.

Wenn du bemerkst,
dass du dich verlaufen hast,
mach dich auf die Suche
nach der Landkarte deines Lebens.

Finde deinen Weg und breche
zu deinem Ziel auf.

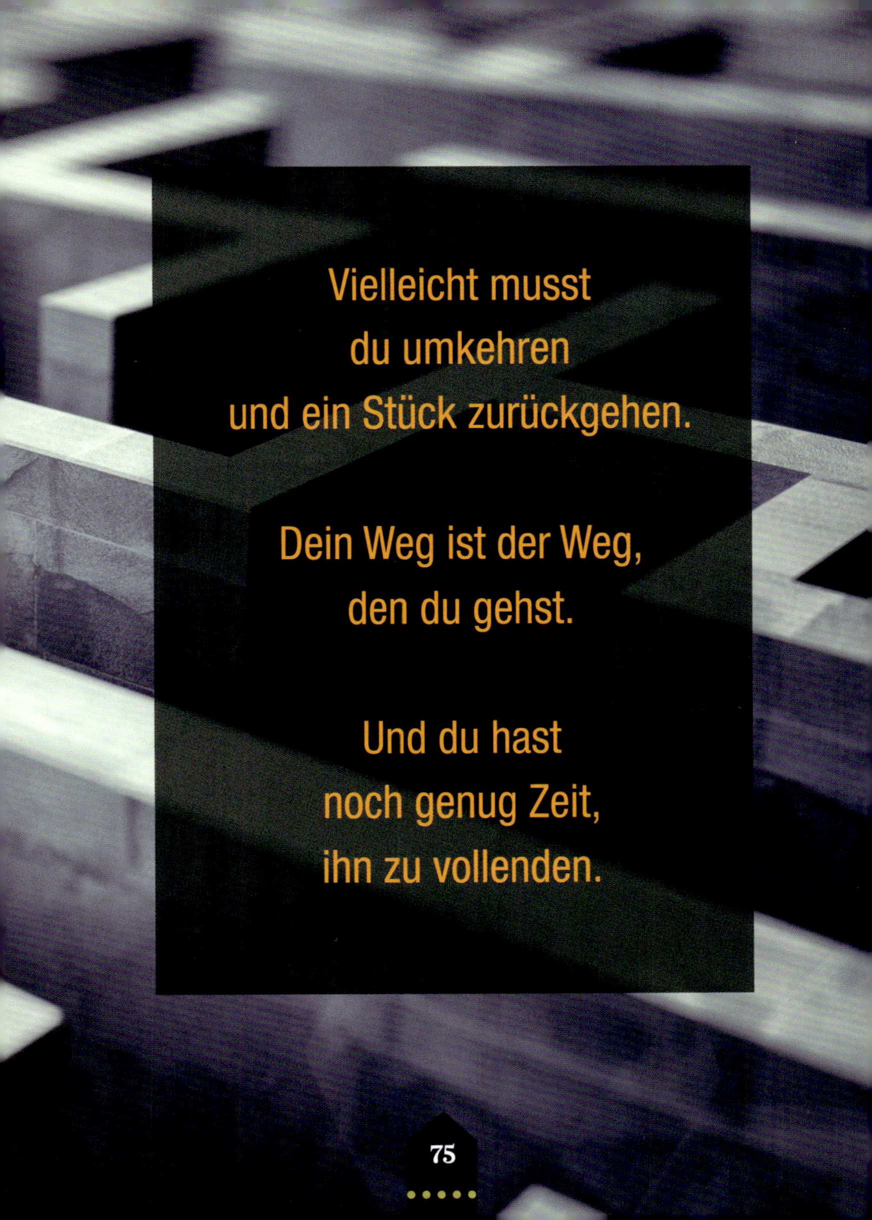

Vielleicht musst
du umkehren
und ein Stück zurückgehen.

Dein Weg ist der Weg,
den du gehst.

Und du hast
noch genug Zeit,
ihn zu vollenden.

04

Lebenszeit

- Wir spielen bei der Arbeit Spiele.
- Wir feiern, wenn wir schlafen sollten.
- Wir gehen schlafen, wenn andere auf dem Weg zur Arbeit sind.
- Wir sind erschöpft, wenn andere in der Pause oder im Ruhestand sind.
- Wir erholen uns zu der Zeit, wenn andere arbeiten.

07 30

- Wir tun unser Leben lang das Gegenteil von dem, was andere tun.
- Letztlich nutzen wir unsere Zeit niemals sinnvoll.

Wenn wir lernen und verstehen,
wie wichtig die Zeit
für unser Leben ist,

werden wir sie nie wieder nutzlos verstreichen lassen.

Es ist nicht nötig, zu bilanzieren
»Wie viel Zeit habe ich schon verbraucht?«

Das spielt keine Rolle,
weil die Vergangenheit nicht zu ändern ist,
wohl aber die Zukunft.
Wir sollten uns selbst versprechen,
unsere Zeit mit Dingen auszufüllen,
die uns näher an
unser Ziel bringen.

So lässt sich das Leben verbessern.

05

Lebenskraft

Unbegrenzte Energie

Menschen haben unterschiedliche Kräfte und Denkweisen.

Jeder Mensch, ob arm oder reich, kommt mit seiner eigenen inneren Lebenskraft zur Welt, die ihm in die Wiege gelegt wurde.

Aber nur wenigen gelingt es, sie zum Leben zu erwecken und wertvoll zu nutzen.

Wenn du weißt, dass du die Möglichkeit hast, deine Zukunft zu beeinflussen, kannst du große Veränderungen in dir selbst und in der Welt bewirken.

Lebe aus ganzer ***Kraft,***

denn

Konzentration macht dich ***stärker,***

Geist lässt dich ***wachsen,***

Liebe verleiht dir ***Mut,***

Güte befähigt dich,

Schlechtes zu überwinden,

Dankbarkeit lässt dich ***bewusster werden,***

Lernen macht dich ***klüger.***

Liebe
kann
Menschen
verändern.

Viele Menschen züchten negative Gedanken, indem sie sich hauptsächlich mit den schlechten Nachrichten aus der ganzen Welt beschäftigen. Sie machen anderen damit weis, sie seien klüger.

Ihr Wissen besteht aus schlechten Nachrichten. Und je mehr sie diese sammeln, desto mehr nisten sie sich in ihrem Bewusstsein und Unterbewusstsein ein.

Manche Menschen glauben, alles zu wissen. Sogar, was in der Weite des Weltraums geschieht.

Aber selbst die klügsten Menschen der Welt räumen ein, dass sie nicht alles verstehen. Am wenigsten, wie ihr schlaues Gehirn funktioniert.

Wissenschaftler haben viele erstaunliche Dinge über das menschliche Gehirn herausgefunden, aber vieles ist noch unbekannt. Das Gehirn ist das komplexeste System, das wir kennen.

Gehirnchirurgen erforschen, wie das Gehirn arbeitet und unseren Körper steuert. Ärzte können dessen Macht nutzen, um amputierten Menschen zu helfen. Sie beeinflussen Gehirnströme und hindern dadurch das Gehirn daran, solche Menschen mit dem Signal »das kannst du nicht« einzuschränken.

Probleme lösen

Es gibt 2 Möglichkeiten:

Erstens: aus einem **kleinen Problem** ein **großes** machen.

Zweitens: aus einem **großen Problem** ein **kleines** machen.

Menschen, die ihre Probleme nicht kennen, sind nicht in der Lage, Schwächen zu analysieren und das Grundproblem auszuräumen. So wird ein kleines Problem binnen kurzer Zeit zu einem großen.

Durch richtiges Denken und Handeln
erkennst du das wahre Problem. So kann ein großes Problem immer kleiner und letztendlich gelöst werden.

05

Lebenskraft

- Manchmal muss man auftanken und die Kraftreserven des Körpers erneuern.

- Wer hinfällt und nicht mehr aufstehen kann, braucht eine Pause.

- Menschen, die ihr Leben leben, sollten sich entspannen können, um die inneren Akkus wieder aufzuladen.

Die Lebenskraft ist für

jeden Menschen ein wichtiger Faktor.

Lebenskraft zeichnet Menschen aus,

die erfolgreich leben.

Da fragt man sich oft:

»Wie schaffen die das nur?«

oder

»Woher nehmen die so viel Energie?«

»Wenn andere Menschen es können,

warum kann ich es nicht auch?«

Weil letztlich alles von dir abhängt.

Du selbst steuerst dein Leben.

06

Lebensregeln

Im Leben gibt es Regeln und Prinzipien.

Wer nicht weiß, welchen Regeln er folgen will, kann den Weg zum Sieg nicht finden. Wie erfährt man, auf welche Seite man sich schlagen soll? Wir wissen nicht, wie lange es dauert, um zu Erfolg zu kommen. Und auch nicht, was wir ins Visier nehmen müssen, um den Jackpot zu knacken.

Wenn wir die Regeln des Lebens nicht kennen, verschwenden wir nur unsere Zeit und werden letztlich verlieren. Aber im Spiel des Lebens will niemand Verlier sein. Manche Menschen machen sich selbst etwas vor, indem sie sagen »Ich will dies nicht, ich will das nicht, ich will gar nichts.« Aber wenn es ihnen angeboten wird, greifen sie doch zu.

Vergleichen wir das Leben mit einem Fußballspiel. Ein Spiel dauert 90 Minuten. Wir haben etwa 80 Jahre Lebenszeit. In beidem gibt es eine Halbzeitpause.

Eine einfache Regel lautet, das Leben in zwei Halbzeiten von je 40 Jahren einzuteilen. Nach der Pause sollten wir uns Zeit nehmen, uns zu hinterfragen. Was haben wir erreicht? Mancher muss sich vielleicht eingestehen, »nichts vorzuweisen« zu haben oder über zehn Mal gescheitert zu sein.

Nehmen wir an, uns sind in der ersten Halbzeit zwei Tore – oder zwei berufliche Erfolge – gelungen. Wenn wir die zweite Halbzeit zu locker angehen, riskieren wir, alles zu verlieren, wofür wir uns bisher angestrengt haben.

Zeit und Kraft gehen gleichzeitig zur Neige. Vielen Menschen fehlt die Kraft, wenn sie alt werden. Und die wenigsten bitten nach Ablauf der Zeit um Verlängerung. Aber manche haben noch Energie, wenn das Spiel vorüber ist.

Ob du das Spiel des Lebens

GEWINNST oder VERLIERST weißt nur du selbst.

Auf erfolgreiche Menschen ist die Familie stolz.
Für Versager schämt sich die Familie.

Sei geduldig und kämpfe,
um im Spiel des Lebens zu bestehen.

Glück und Erfolg sind die Ziele.
Es kommt darauf an, welche Richtung du einschlägst.

Im Leben gibt es immer Regeln.
Du entscheidest selbst,
nach welcher du dich richten möchtest.

Die meisten Menschen gehen
die erste Halbzeit ihres Lebens locker an
und werden erst in der zweiten ernsthafter.

Manche Menschen beginnen so spät,
dass sie keine Chance mehr auf Sieg haben,
weil sie zu alt für das Spiel sind.

Menschen, die
die Regeln des Lebens
nicht kennen, sagen oft:

»Warum muss mein Leben so sein, wie es ist?«
»Warum habe ich kein Glück?«

Sie jammern über ihre Misserfolge.
Geben anderen die Schuld an ihrem Unglück.
Finden an allem etwas auszusetzen.

Menschen, die
die Regeln des Lebens
gelernt haben

wissen immer,
was zu tun ist,
wie es getan werden muss,
wo es zu tun ist,
und wann.

Sie tun alles,
um ihren Traum zu erfüllen.
Mit beharrlicher Hingabe und
großer Aufmerksamkeit
nutzen sie die Fähigkeit,
ihr Ziel zu erreichen.

Spiele
haben ein Zeitlimit.
Das Spiel des Lebens hat keins.

Wir können es nicht einfach abpfeifen.

Wir müssen
weiterkämpfen,
bis zum
letzten Atemzug.

06

FOLGE DEINEM TRAUM

Regeln des Lebens

Es gibt 2 Regeln:

1. Tu das Richtige
2. Tu das Falsche

Menschen, die das Richtige tun, haben Erfolg,

weil Sie die

richtigen Regeln beherzigen.

Menschen, die das Falsche tun,

haben keinen Erfolg,

weil sie die

falschen *Regeln* beherzigen.

Wer die richtigen Regeln befolgt, lernt mehr und kann
besser rechnen,
mehrere Sprachen sprechen,
schneller lesen und Freundschaften schließen,
stärker und klüger werden,
sich auf sich selbst verlassen
und ist überzeugt davon, »es zu schaffen«.

Wer diese Regeln versteht, hat Erfolg,
kann seine Fähigkeiten einschätzen
und sich sagen »Ich schaffe das«.

Auch, wer die falschen Regeln befolgt, lernt etwas und kann
besser rechnen,
mehrere Sprachen sprechen,
schneller lesen und Freundschaften schließen,
stärker und klüger werden,
sich auf sich selbst verlassen,
ist aber überzeugt davon, »es nicht zu schaffen«.

Wer diese Regeln befolgt, wird scheitern,
denn er denkt stets
»Das ist mir zu schwierig, ich schaffe es nicht«.
Klüger wäre, zu sagen
»ICH SCHAFFE DAS«.

Der Mensch kann viel erreichen.
Manche haben in verschiedenen
Sportarten Erfolg,
andere als **Musiker** oder **Kaufleute**,
als **Unternehmer** oder **Ärzte**,
Wissenschaftler oder **Politiker**.

Beschränke dich nicht!

Geh vorwärts und
auf die Suche nach Erfolg.

Lebe dein Leben und
beherzige die Regeln.

Behalte dein Ziel im Auge und
erhöhe deine Chancen.

Weißt du, was du im Leben
erreichen willst?

Alle Marathonläufer haben
dieselben Voraussetzungen.
Sie trainieren, haben einen ähnlichen Körperbau und laufen mit ähnlicher Geschwindigkeit.

Jeder Marathon hat einen Sieger
und einen Verlierer.

Wie jede andere Sportart.

Und jeder Marathon hat noch mehr
als Sieger und Verlierer.
Nämlich die Gruppe derer,
die es nicht schaffen,
das Ziel zu erreichen.

Und diese Gruppe ist groß!

Es geht nicht darum,
Sieger oder Verlierer zu sein.

Menschen, denen es nicht gelingt,
die Ziellinie zu überschreiten,
haben weniger

DURCHHALTEVERMÖGEN.

Sieger und Verlierer haben
eins gemeinsam:

Durchhalte-vermögen

Sie unterscheiden sich von anderen Läufern, weil ihr Durchhaltevermögen größer ist.

Die Sieger verfügen über Können und Durchhaltevermögen.

Die Verlierer haben geringere Fähigkeiten, aber mehr Durchhaltevermögen als andere Läufer.

Denjenigen, die
das Ziel nicht erreichen,
mangelt es an Können und
an Durchhaltevermögen.

Menschen mit Durchhaltevermögen
geben nicht auf, wenn Hindernisse
auftauchen, wenn sie erschöpft
oder durstig sind.

Wenn sie erschöpft sind,
zehren sie von ihrem Durchhaltevermögen,
denn sie wissen, dass sie bald
als SIEGER oder VERLIERER
die Ziellinie überqueren werden.

Der VERLIERER sieht den Gewinner
gar nicht weit vor sich
ins Ziel laufen.

Und tief im Herzen weiß er,
dass ebenso gut er selbst
gewinnen kann …

einmal im Leben!

Unter denen, die das Ziel nicht erreichen, sind vielleicht einige fähiger als andere. Dennoch besitzen sie weniger Durchhaltevermögen als andere Läufer.

Diejenigen, die

keine ***Geduld*** haben,

geben immer ***auf.***

Liebe dein Leben

Wir wählen unseren Weg selbst.
Niemand sagt uns,
ob wir nach
rechts oder links
abbiegen sollen.

Aber wenn wir
einen Fehler machen,
geben wir den
anderen die Schuld.

06

Lebensregeln

- Wenn du wie ein echter Sieger leben willst, lerne, dich an die Regeln zu halten und verzichte auf Fouls und Mogeln.

- Kämpfe mit Würde.

- Es gibt immer einen richtigen Weg, im Wettkampf und im Leben.

Wenn du
die WAHRHEIT
und das WESEN der Welt verstehst,

dann begreifst du das

PRINZIP DES ERFOLGS.

Dann hat dein Leben eine **STRUKTUR.**

Elemente dieser Struktur sind

Kampfgeist + Durchhaltevermögen
+ Vertrauen + Ehrlichkeit
+ Fleiß + Ausdauer
+ Standhaftigkeit + Kreativität + Kühnheit
+ Mut + Vorsicht

Diese Wesenszüge brauchst du für den

ERFOLG.

07

Gutes tun

Die Welt braucht
Intellektuelle
und
gute Menschen

Viele Menschen möchten »clever« sein

und besser als die anderen:
Klassenbester
Jahrgangsbester
besser als Konkurrenten von anderen Schulen

Wir lernen, uns mit anderen zu messen.
Aber eigentlich geht es darum, sie zu besiegen.

Manchmal ist der Erfolgsdruck zu groß
und bewirkt Fehler in der Lebensführung.
Dann wählt man den falschen Weg
oder achtet beim Siegen nicht auf
Würde, Anstand und Moral.

Dann ist der Erfolg kein wirklicher Sieg.

In unserer Gesellschaft
herrscht Wettbewerb.
Es gibt aber Menschen,
die sich entschieden haben,
Gutes für andere zu tun,
für enge Freunde oder für Fremde.

Wer Gutes tut, wird leicht ausgenutzt.
Dann wird »der Gute« schnell »der Dumme«.

Niemand will ausgenutzt werden,
weil er Gutes tut.

Tue Gutes, aber
vergleiche dich nicht mit anderen.

Tue Gutes, und bewahre dabei
Glück und Freude im Herzen.

Gutes tun bedeutet nicht, zu gefallen,
aber du kannst damit deine Zukunft verändern.

Wenn du im Leben nur zwei Menschen etwas beibringen könntest …

lehre die erste Person, KLUG zu sein.

Auf der Welt gibt es zahlreiche kluge Menschen.
Warum herrschen in vielen Ländern immer noch so
schwierige Verhältnisse? In allen Zeitaltern und allen Generationen?
Jahre sind vergangen, und nichts hat sich geändert.

Warum tun *kluge Menschen* **nichts dafür,**

dass es ihrem Land besser geht?

Warum sorgen *kluge Menschen* **nur für sich selbst?**

Warum tun *kluge Menschen* **nichts für ihre Nachfolger?**

Warum wollen *kluge Menschen* **immer nur mehr Macht?**

Warum wollen *kluge Menschen* **alles besitzen?**

Warum wollen *kluge Menschen* **ständig siegen?**

Warum geben *kluge Menschen* **der Gesellschaft nichts zurück?**

Warum wollen *kluge Menschen* **eine Belohnung,**

wenn sie anderen helfen?

Wenn du im Leben nur zwei Menschen etwas beibringen könntest …

lehre die zweite Person, GUT zu sein.
Dieser Mensch soll wissen, wie man ….

gibt,

großzügig ist,

sich für jemanden einsetzt,

ein offenes Herz hat,

dankbar ist,

verzeiht.

Mit diesen Fähigkeiten tragen die Menschen
zu einer glücklichen Zukunft bei –
für sich selbst, für die Gesellschaft und für die ganze Welt.
In einer solchen Zukunft ist Konkurrenz nicht nötig,
die Menschen können lächeln und glücklich sein.

Der Wert eines Menschen

zeigt sich in seinen Taten.

Den **Taten** folgen **Ergebnisse.**

Ist das Ergebnis gut,
heißt das, die Tat war gut
und
hat das Leben

bereichert.

Hängt der Wert der

Taten

davon ab,

ob er einem bewusst ist?

Manche Menschen tun in ihrem Leben viel Gutes,
aber ihre ureigensten Bedürfnisse kennen sie nicht.

Das Handeln

hat mit URSACHE und WIRKUNG zu tun.

Tust du Gutes, verschafft es dir gute Gefühle.
Pflanzt du einen Apfelbaum, wirst du Äpfel ernten.
Tust du jemandem etwas Böses an, bekommst du Böses zurück.
Niemand sät Blumen, aus denen Unkraut hervorgeht.

Daraus folgt: Wer sich mehr anstrengt, bekommt auch mehr zurück als derjenige, der weniger tut.

Unterschätze nicht die fortwährende Regel von Ursache und Wirkung.

Sie ist eine Regel der Natur.

Je besser du die Regeln der Natur verstehst,
desto mehr Glück wirst du im Leben finden.
Keine Desorientierung, kein Streit, nur Einigkeit.

Regel des

Handelns

Die Regeln der Natur
sind sehr einfach.

Willst du SÄNGER werden, übe das SINGEN.

Willst du MUSIKER werden, lerne ein INSTRUMENT.

Willst du LEHRER werden, eigne dir FACHWISSEN an.

Willst du SCHWIMMER werden, trainiere das SCHWIMMEN.

Willst du INGENIEUR werden, erlerne das INGENIEURWESEN.

Willst du ARCHITEKT werden, studiere ARCHITEKTUR.

Willst du GELD sparen, lebe SPARSAM.

Willst du ein neues HAUS kaufen, SPARE, um es bezahlen zu können.

Handle richtig
und glaube an dich selbst,
dann können in deinem Leben

Wunder

geschehen.

Regeln des Handelns

Wenn du etwas tust,
bekommst du dafür
etwas zurück.

Gutes tun

=

Gutes bekommen

Handel bringt Geld.

Fleiß bringt Erfolg.

Faulheit bringt nichts.

Die Welt aus dem *richtigen Blickwinkel*

Benutze zuerst deine Augen und danach den Verstand.

Wer die Welt nur mit den Augen betrachtet,
sieht sie so wie alle anderen.

Wer den Verstand einsetzt, erfährt eine Welt,
die für andere unsichtbar ist.

Die Welt, die der Verstand sieht

oder

die Welt, die für andere unsichtbar ist,

befindet sich in deinem Inneren.

Du kannst sie nicht sehen, aber wahrnehmen.

Du kannst sie wahrnehmen,

weil **du dafür den Verstand benutzt.**

Wenn du die Welt mit Güte betrachtest,

erfüllt das den **Geist** mit **Glück.**

Wenn du die Welt mit Dankbarkeit betrachtest,

erfüllt das den **Geist** mit **Freude.**

Siehst du die Welt oberflächlich,

vernachlässigst du den **Verstand.**

Bestimmen Rachegedanken deinen Blick auf die Welt,

wird dein **Verstand** von **Hass vereinnahmt.**

Die Welt in deinen Augen

Materielle Dinge sind

leichter zu erkennen als

VERSTAND

LIEBE

GÜTE

GEFÜHL

GEBEN

TEILEN

Die Welt in deinen Augen

Leicht

unterschätzt man den Wert dessen,

was nur innerlich wahrnehmbar ist:

GLÜCK.

Denn

GLÜCK

hat weder Form noch Farbe,

weder Geruch noch Geschmack.

Man kann es nicht sehen,

aber man kann es fühlen.

Die Welt aus geistiger Sicht

Menschen, die den Verstand benutzen,
um die Welt zu betrachten,
erkennen oft das, was man als

WAHRHEIT

bezeichnet.

Menschen,
die WAHRHEIT
erkennen,
sehen etwas
tief im Inneren.

Sie kennen die Worte

VERSTAND

LIEBE

GÜTE

GEFÜHL

GEBEN

TEILEN

All das erfüllt

das LEBEN mit

GLÜCK.

Wenn du dein Leben mit Würde meisterst,

ist das ein besserer Weg

als der vieler anderer Menschen.

Du selbst bestimmst, wohin die Reise geht,

denn der Weg, den du wählst,

ist die Richtung deines Lebens.

Niemand sonst auf der Welt
bestimmt über dein Leben.

Das kannst du nur selbst tun.

07

Gutes tun

- Benutze nicht nur die Augen, um die Welt zu erfahren, sondern den Verstand.
- Wenn du Gutes tust, ohne eine Belohnung zu erwarten, wird dir unerwartet selbst Gutes zuteil.
- Hilf Menschen, denen es weniger gut geht als dir.

- Trage zu einer Gesellschaft bei, die auf Vertrauen und Freundschaft basiert.
- Sei nicht grausam oder hinterhältig.
- Behandele andere so, wie du selbst behandelt werden möchtest.

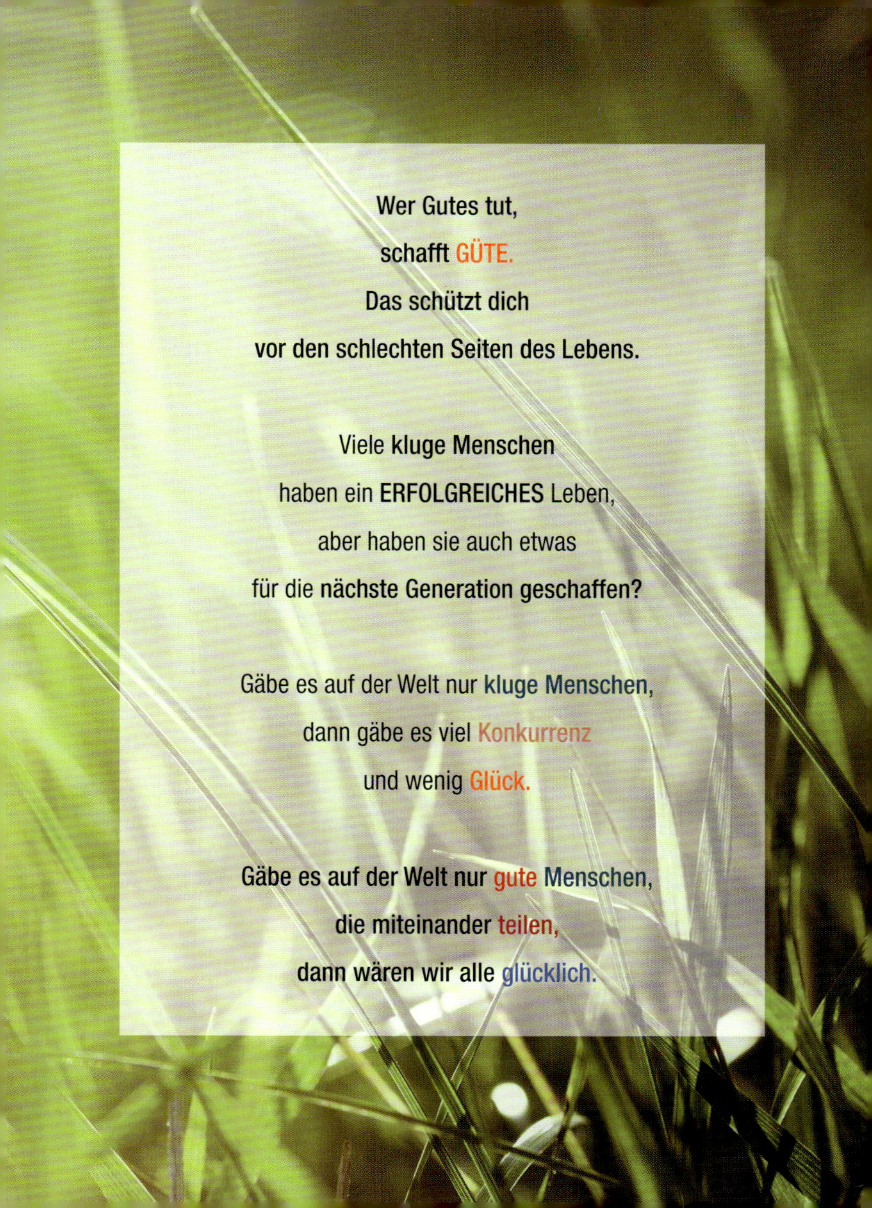

Wer Gutes tut,
schafft GÜTE.
Das schützt dich
vor den schlechten Seiten des Lebens.

Viele **kluge Menschen**
haben ein **ERFOLGREICHES** Leben,
aber haben sie auch etwas
für die **nächste Generation geschaffen?**

Gäbe es auf der Welt nur kluge Menschen,
dann gäbe es viel Konkurrenz
und wenig Glück.

Gäbe es auf der Welt nur gute Menschen,
die miteinander teilen,
dann wären wir alle glücklich.

08

Du bist, was du tust

Konsequenz des Handelns

Je schwerer du arbeitest,
desto mehr Schweiß
verursacht deine Mühe.

Das ist eine
Konsequenz des Handelns
oder
das Gesetz der Wirkung.

Wer die Regel des Handelns nicht versteht,
wird sein Ziel nie erreichen.

Manche Menschen sind zu träge,
um sich anzustrengen.
Manche kommen immer zu spät zur Arbeit.
Manche sind nicht fleißig und
spielen während der Arbeitszeit lieber Spiele,
surfen im Internet oder
chatten mit ihren Freunden.

Sie werden nie Erfolg haben.

Wundere dich nicht,
wenn ein fleißiger Mensch
früher befördert wird als du.
Die nächste Generation der Kinder
rückt schneller auf als wir.

Das liegt nicht etwa an Altlasten
aus einem früheren Leben.

Es ist das Gesetz der Wirkung, das im Leben gilt.
Denn deine Taten sind ein Ergebnis der Gegenwart,
darum stehst du heute da, wo du bist.

Veränderst du

deine Denkweise,

erblickst du

eine schönere Welt.

Gestern, Heute und Morgen

Du kannst zwischen drei Tagen wählen,

wann du

anfangen willst.

Eins	ist	das Gestern
Zwei	ist	das Heute
Drei	ist	das Morgen

Einer meiner Bekannten erzählte aus der Zeit, als er ein erfolgreicher Geschäftsmann war. Er wurde von einem Freund hintergangen und ging bankrott.

Wann immer ich ihn traf, waren seinem Gesicht und seiner Körpersprache anzusehen, dass er ruiniert und seelisch ausgebrannt war.

Ich kenne ihn seit Jahren, und immer beklagte er sich über die Niedertracht seines Freundes. Die bitteren Geschichten aus seiner Vergangenheit habe ich mir zwanzigmal oder öfter angehört.

Aber dann erklärte er mir bei einem Treffen, dass er eine neue Stelle antreten würde. Ich war sehr erleichtert, als er über seinen neuen Job sprach, statt über die Vergangenheit. Endlich konnte er das Geschehene loslassen und sich der Zukunft zuwenden. Er hatte etwas Wichtiges gelernt:

Die Vergangenheit ist vergangen.

Die *VERGANGENHEIT* ist nicht zu ändern.

Aber du kannst die *ZUKUNFT* beeinflussen,

indem du in der *GEGENWART* dein Bestes gibst.

08

Lebe zu 100 Prozent in der Gegenwart.

ERFOLGSTIPP

Mach dir klar, *dass vielen Menschen*

der **Erfolg** *versagt bleibt,*

weil sie **nicht verstanden** *haben,*

dass sie **JETZT** **ihr Bestes** *geben müssen.*

Wenn du dir etwas **wünschst** *und*

versuchst, es zu **verwirklichen,**

aber dein **Ziel** *nicht erreichst,*

bist du mit deinem Handeln nicht **100 Prozent**

in der **Gegenwart.**

100%

Wenn nicht heute,
wann dann?

08

Vielleicht denkst du:
»Zweimal im Jahr
gibt Gott mir eine Chance.
Und selbst wenn ich eine verpasse,
kann ich auf die nächste warten.«
Aber das kann lange dauern.

Manche Leute bekommen
nur einmal im Leben die große Chance.
Dann packen sie zu,
denn sie wissen, dass sich vielleicht
niemals eine zweite bietet.

Wenn du deinen Weg nicht selbst bestimmst,
sondern andere bestimmen lässt,
wie kannst du dann von
»deinem« Leben sprechen?

Lebe dein Leben wie ein Sieger.
Dann wirst du dich wie ein
SIEGER fühlen.

Die Zukunft ist
das ERGEBNIS dessen,
was du HEUTE tust.

Es geht nicht um
»Wie wird meine ZUKUNFT aussehen?«
Sondern um
»WAS KANN ICH HEUTE DAFÜR TUN?«

Vergiss
die Misserfolge von gestern,
niemand wird sich daran erinnern –
außer dir selbst!

Wichtig ist,
heute achtsam zu sein,
damit du nicht scheiterst oder
an einem bestimmten Punkt
dieselben Fehler wie früher begehst.

08

Du bist, was du tust

- Mit den Händen lässt sich etwas aufbauen oder zerstören. Wichtig ist dabei die Denkweise.
- Wenn wir feststellen, dass wir etwas Schlechtes tun, bremst uns das Gewissen.

- Verstand und Hände sind nötig, um ein Leben aufzubauen, das Entwicklung und Wachstum zulässt.

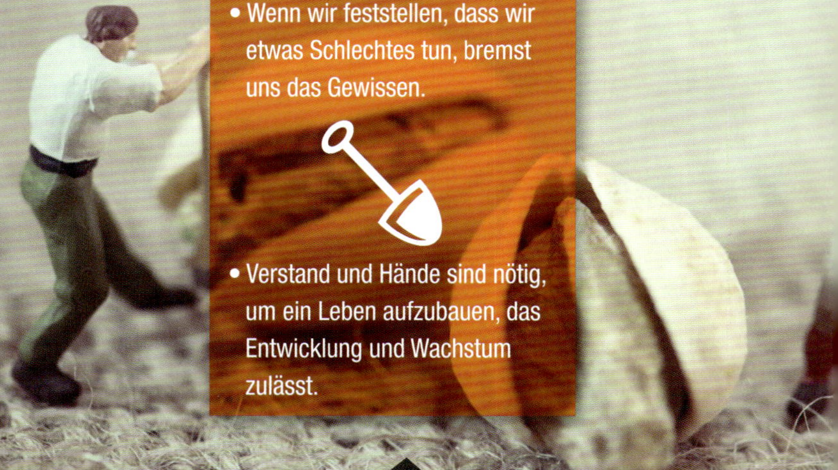

Wenn du einen Ball an die Wand wirfst,
kehrt er zu dir zurück.
Wirfst du ihn mit größerer Kraft,
prallt er mit derselben Kraft wieder ab.

Regel des Handelns

Wer etwas **»SCHLECHTES«** tut,
muss damit rechnen, es zurückzubekommen.
Wer etwas **»GUTES«** tut,
darf damit rechnen, es zurückzubekommen.
Wenn wir an etwas **„hart arbeiten“**, stellt sich **„Fortkommen“** ein.
Wenn wir etwas **„ruhen lassen“**, holt uns das **„Versagen“** ein.

Erfolg haben diejenigen,
die richtig handeln.

09

Pack's an

Niemals im Leben,
auch nicht in deinem,
geht man einen Weg,
ohne vor Hindernissen zu stehen.
Denk einfach einmal zurück
und frage dich:
»Bin ich noch auf dem richtigen Weg?«

Jeder,
der den Gipfel des Erfolgs erreicht hat,
musste vorher Hindernisse
aus dem Weg räumen.

09

Im Leben geht es um
die Denkweise und den Blickwinkel.

Wenn du denkst,
das Leben ist schwierig,
wird es auch so sein.
Ebenso wie die Perspektive.

Dann kämpfst du jeden Tag mit
Müdigkeit, Erschöpfung,
Verzweiflung und Depression.

MENSCHEN, die
SORGSAM
und EHRGEIZIG sind,
finden,
dass es sich lohnt,
FÜR das LEBEN ZU KÄMPFEN.

Wenn du hinfällst,
musst du wieder aufstehen.

Im Leben gilt es,
HINDERNISSE
ZU ÜBERWINDEN.

Du hast die Wahl

Wenn du die Wahl hast

zwischen

AUFGEBEN

und

eine neue Lösung FINDEN,

wie entscheidest du dich?

Menschen, die aufgeben, erreichen nicht, was sie sich einmal erträumt haben.

Menschen, die nie **aufgeben**, finden immer einen Weg, ihre Träume zu verwirklichen.

Die einfachsten ***Antworten*** auf die Frage
»Warum bin ich gescheitert?«:

1. Rede dir ein,
   dass es nicht dein Fehler
   oder deine Absicht war.

2. Gib anderen Menschen oder
   den Umständen die Schuld –
   nur nicht dir selbst.

Erfolgreiche Menschen
geben immer 100 Prozent ihrer Energie
(bis sie erschöpft ist).

Erfolgreiche Menschen
bringen Fehler wieder in Ordnung.

Probleme wie »menschliches Versagen«
oder »Systemfehler« packen sie an der Wurzel an.

Menschen, die versagen,
suchen die Schuld überall,
nur nicht bei sich selbst.

Wessen Fehler ist es gewesen?

Sie hören einfach auf, etwas zu tun.

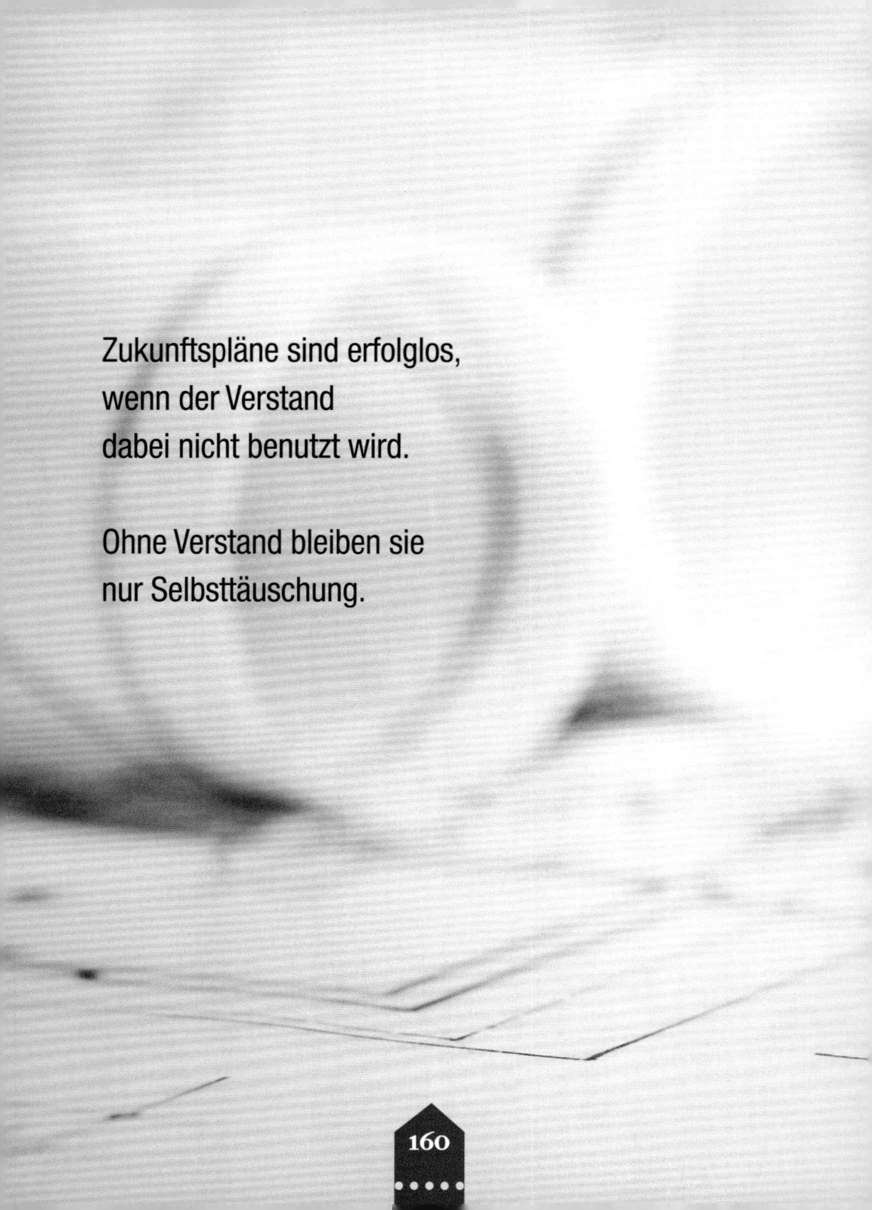

Zukunftspläne sind erfolglos,
wenn der Verstand
dabei nicht benutzt wird.

Ohne Verstand bleiben sie
nur Selbsttäuschung.

Lebensplanung ist
der Beginn positiven Denkens.

Die guten Dinge des Lebens
musst du selbst finden,
weil sie dir niemand schenken wird.

09

Pack's an!

- Hindernisse gibt es im Beruf und im Privatleben.
- Sie kommen selten allein.
- Manchmal blockieren sie den Weg vollständig.
- Hindernisse wollen uns besiegen und zu Boden zwingen. Wir müssen kämpfen, um sie überwinden zu können.

Hab keine ANGST und bleib RUHIG.
Sei darauf gefasst,
jedes HINDERNIS zu besiegen,
das sich dir in den Weg stellen mag.

Wenn du ein Hindernis überwunden hast,
bist du dem

ERFOLG

einen Schritt näher gekommen.

Lass dich von Hindernissen nicht einschüchtern.
Überwinde eins nach dem anderen.

KÄMPFE!

10

Glaube an dich selbst

Wenn du den
Glauben an dich selbst
gefunden hast,

werden ständig
Wunder
geschehen.

Die Bedeutung des Satzes

»Ich kann das nicht!«

10

Sehr oft hört man jemanden sagen

»ICH KANN DAS NICHT!«

Bestimmt ist das der wichtigste Satz der Welt.

Wenn ein Mensch sagt

»ICH KANN DAS NICHT!«,

heißt das, er hat aufgehört zu denken.
Sobald jemand diesen Satz ausgesprochen hat,
beginnt er, an sich selbst zu zweifeln.

Aber mit der richtigen Denkweise
wird die Reise durchs Leben einfach,
und der Glaube an sich selbst bleibt bestehen.

Anders als mit der falschen Denkweise.

Verbiete dir selbst

den Satz

»Ich kann das nicht!«

Manche Menschen haben eine traurige Geschichte.
Andere haben eine schrecklich traurige Geschichte.

Aber wenn sie lernen zu sagen
»Ich kann das!«
und
»ICH KANN DAS GANZ BESTIMMT!«,

wird sich ihr Leben verändern.
Vielleicht wissen sie noch nicht,
wie sie anfangen sollen.
Aber sie haben begonnen zu denken
und einen Weg zu suchen.

Wenn Menschen anfangen, so zu denken,
sind sie auf dem Weg zum Erfolg.

Wenn wir zu denken aufhören...
wofür brauchen wir dann ein Gehirn?

»Ich kann das nicht!«

Diese Worte bergen eine ganze Weltsicht –

und die führt

nirgendwohin.

»Ich kann das!«

Diese Worte bergen eine ganze Weltsicht –

und die führt

zur Verwirklichung der Träume.

Glaube gibt Menschen die Kraft,
ihre Grenzen zu überschreiten.

Nur eines kann Menschen
ungeahnte Kraft verleihen,
und zwar
DER GLAUBE.

Man kann ihn nicht sehen –
aber fühlen!

Menschen ohne Glauben
sind wie
Untote, die einen Körper haben,
aber keine Seele.

10

Glaube an dich selbst

- Glaube gibt dir Hoffnung im Leben.
- Glaube hilft dir, mit Träumen zu leben.

- Glaube verleiht dir die Möglichkeit, wieder zu atmen.
- Glaube ist eine Kraft, die man nicht sehen, aber fühlen kann.
- Glaube vertreibt die Wolken und lässt Wunder geschehen.

Wenn du lernst,

an dich selbst zu glauben,

kannst du andere inspirieren.

Die Welt braucht Menschen voller Hingabe,

die BEWEISEN:

»WIR SCHAFFEN DAS!«

Vielleicht sagt dir jemand »DU SCHAFFST DAS!«.

Aber wenn du selbst NICHT DARAN GLAUBST,

wird es dir NICHT GELINGEN.

Vielleicht sagt dir jemand »DU SCHAFFST DAS NICHT!«.

Aber wenn du SELBST DARAN GLAUBST,

wird es dir GELINGEN.

Es geht allein darum, was DU glaubst.

Das Leben bietet viele Wege: Du hast die Wahl.
Wenn du aber ohne Ziel aufbrichst,
wirst du dich verirren.

Viele Wege des Lebens locken mit schillernden Farben.
Wer sich auf ihnen verirrt, wird nie zurückkehren.

Wenn du jemals dein Ziel vergisst,
wirst du dich in einem Labyrinth ohne Ausgang verlaufen.
Du kannst den richtigen Weg nicht mehr finden.

Menschen, die auf dem
richtigen Weg
zum Ziel bleiben
und sich nicht verirren,
werden bald Erfolg
im Leben haben.

REGELN FÜR SIEGER

Regeln
eines ***SIEGERS***

Ein Sieger
nimmt die Dinge
immer selbst in die Hand
und verlässt sich nicht
auf sein Glück.

Regeln für Sieger

Davon gibt es 3

1. Kämpfe + gib niemals auf.

2. Suche neue Methoden.

3. Wenn du verzweifelt bist,

besinne dich auf die Regeln 1 und 2.

TIPPS für den Erfolg

Wenn du kämpfst und dir dabei klarmachst
»Ich gebe niemals auf!«,
dann beginnst du, zu denken.

Zu denken beginnen =
neue Methoden finden
+ neue Methoden finden
+ neue Methoden finden
immer wieder.

Je mehr du denkst,
desto näher kommst du dem
ERFOLG.

REGELN FÜR VERLIERER

Regeln eines

Verlierers

Gib auf, wenn Hindernisse auftauchen,
denn du hast Angst, zu kämpfen,
oder du bist müde.

Gib deine TRÄUME ***auf,***
denn sie machen dich traurig
(weil du sie nicht verwirklichst).

Gib die ZUKUNFT ***auf,***
denn sie macht dir das Leben schwer
(weil du sie nicht gestaltest).

Regeln für Verlierer

Davon gibt es 3

1. Denke »ICH KANN DAS NICHT!«

2. Gib auf

(wenn du vor einem Hindernis stehst).

3. Wenn du etwas anderes vorhast,

besinn dich auf die Regeln 1 und 2.

TIPPS zum *Scheitern*

Außer
»ICH KANN NICHT!«,
gibt es noch andere nützliche Phrasen.

Wiederhole sie jeden Tag.
(Sage sie am besten morgens deinem Spiegelbild.)

Ich bin DUMM.
Ich bin nicht gut.
Ich bin FAUL.
Schlechte Wirtschaft, schlechtes Geschäft.
Geld verdienen ist schwer.
Warum ist mein Leben so hart?

01 *Zielsetzung*

- Viele Menschen kennen die einfachen Regeln des Lebens nicht.
- Der erste Schritt besteht darin, den Verstand einzusetzen und immer weiterzuentwickeln.
- Am wichtigsten für ein erfolgreiches Leben ist es, ein Ziel zu haben.
- Jeder hat seine eigene Denkweise. Wie diese aussieht, spiegelt sich im Leben wider.
- Ziele bereichern das Leben.

02 *Einstellung*

- Das Wichtigste im Leben ist die Denkweise und die Art, den Verstand zu nutzen.
- Viele Menschen haben die falsche Denkweise. Sie leben verkehrt und sind zerstreut.

Falsches Denken + Richtiges Handeln	Falsches Denken + Falsches Handeln
Richtiges Denken + Falsches Handeln	Richtiges Denken + Richtiges Handeln

- Gute und positive Gedanken klären den Verstand und liefern einen Lebenszweck.

03 *Wissen*

- Es gibt viele Wissensquellen. Wir haben gelernt, welches Wissen notwendig ist und welches wir loslassen können.

GUT LEBEN

- Wir lernen alles, was fürs Leben wichtig ist.
- Und ignorieren falsche Gedanken und überflüssige Informationen.

04

Lebenszeit

- Wird die Zeit genutzt, um während der Arbeit zu spielen und zur Schlafenszeit zu feiern,
- zu schlafen, während sich andere mit Arbeit abmühen,

- erst dann anzufangen, wenn sich die anderen schon zur Ruhe gesetzt haben,
- anders zu handeln als alle anderen,
- wird sie nicht sinnvoll eingesetzt.

05

Lebenskraft

- Manchmal muss man ausruhen und neue Kraft tanken.
- Wer hinfällt und nicht gleich wieder aufstehen kann, benötigt eine Pause.

- Wer sein Leben richtig führt, kennt einen Weg, Entspannung zu finden und Kraft zu tanken.
- Körper, Herz und Geist brauchen Ruhe, bis sie wieder einsatzbereit sind.

06

Lebensregeln

- Wer wie ein wahrer Sieger leben will, muss lernen, die Dinge richtig zu tun.
- Mit Würde zu kämpfen ist ein Zeichen wahrer Menschlichkeit.

- Siege ohne zu betrügen.
- Nur wer den richtigen Weg wählt, kann stolz auf den Sieg sein.

07
Gutes tun

- Benutze nicht nur die Augen, um die Welt zu erfahren, sondern den Verstand.
- Gutes zu tun und keine Belohnung dafür zu erwarten, bereichert dein Leben.
- Dein Beitrag zu einer friedlichen, sicheren Gesellschaft dient der Welt.

08
Du bist, was du tust

- Mit den Händen lässt sich etwas erschaffen und zerstören. Wer bewusst handelt, bestimmt damit die Zukunft.
- Um das Berufs- und Familienleben zu gestalten, müssen Hände und Verstand einsetzt werden.

09
Pack's an

- Private und berufliche Hindernisse tauchen oft gleichzeitig auf.
- Manchmal geschieht alles gleichzeitig.
- Manchmal fühlen wir uns nicht imstande, die Hindernisse zu überwinden.

10

REGELN FÜR SIEGER

REGELN FÜR VERLIERER

Glaube an dich selbst

- Glaube verleiht Hoffnung im Leben.
- Glaube lässt Träume erwachen.
- Glaube eröffnet die Möglichkeit, Atem zu schöpfen.
- Glaube ist eine unsichtbare, aber fühlbare Kraft.
- Glaube gibt dir die Kraft, Wunder zu vollbringen.

Gewinner-Regeln

3 REGELN FÜR SIEGER

1. Kämpfe + kämpfe + kämpfe und gib niemals auf.
2. Wenn du in eine Sackgasse gerätst, suche einen neuen Weg.
3. Wenn du mutlos bist, beherzige die Regeln 1 und 2.

Verlierer-Regeln

3 REGELN FÜR VERLIERER

1. Denke »Ich kann das nicht«.
2. Gib sofort auf, wenn du vor großen oder kleinen Hürden stehst.
3. Wenn du etwas anderes vorhast, beherzige die Regeln 1 und 2.

Edel Books

Ein Verlag der Edel Germany GmbH

www.edel.com

1. Auflage 2017

Erstveröffentlichung unter dem Titel
„10 Steps for Changing Your Life“

Umschlaggestaltung: Groothuis. Gesellschaft der Ideen und
Passionen mbH | www.groothuis.de

Projektkoordination der deutschen Ausgabe:
Nina Schnackenbeck, Gianna Slomka

Übersetzung: Wiebke Krabbe, Damlos

Realisation der deutschen Ausgabe:
trans texas publishing, Köln

Druck und Bindung: optimal media GmbH,
Glienholzweg 7, 17207 Röbel / Müritz

ISBN 978-3-8419-0569-7